U0061119

新雅教育系列

育兒不疲累

洞悉孩子的十個愛與不

陳美娟 著

新雅文化事業有限公司
www.sunya.com.hk

神奇女俠出書，100% 撐

聽到我心目中的神奇女俠兼老友陳美娟校長出親子書，找我寫序，當然義不容辭。

先說說為何稱她為「神奇女俠」？因為她真的是百般武藝，樣樣俱佳。而我跟她的關係，更是淵遠流長。

見識過她在開會中不偏不倚的中點提問與回應，感受與看見她在校園對學生與家長的互動關愛，也到校耳聞目睹老師們對她的尊敬與欣賞，更嘗過她在家中的拿手美味小菜與韓燒，直到那天在香港理工大學音樂廳觀賞由她編劇作曲填詞的大型音樂劇（效果跟看過的大型歌舞劇不遑多讓），更佩服她除了帶領校內校外，兼顧家庭老公孩子等之外，還有這出色的創作天賦，怎能不喊她一句「神奇女俠」呢！

如今，翻看她寫的親子書，篇篇分析明確，對孩子的心瞭如指掌，家長的心態也拿捏準確。就以「孩子愛撒謊」為例，這正正是很多家長頭痛的問題。但作者卻從多方面觀察解釋，讓家長更明白孩子「此舉」，多少都跟父母的態度有關（逃避與逼出來的啊！），這種「軟着陸」的規勸，聽來順耳，再附上家長錦囊，對現代家長來説，就是拈來順手且貼身易實踐的良方妙法。

是啊！我心目中的神奇女俠出書了，全力支持！100% 撐！

羅乃萱

家庭發展基金總幹事
BBS, MH, JP, Honorary Fellow

3

推薦序 二

　　認識陳博士多年，十分敬佩她除了在教育事業上、在社會公職上非常出色，她還有一個十分幸福的家庭，夫妻恩愛、女兒成才，真的羨煞旁人。在陳博士擔任英華小學校長之後，我因着公職崗位的緣故，有多次機會參與英華小學的活動，衷心感受到陳博士對如何孕育英華小學的學生十分着緊，亦和家長們有良好的互動，讓家長清楚了解到教養孩子的正確之道，充分體現家校合作的精神。

　　今次出書，我看正好是讓陳博士把多年來在教育界所累積的育兒知識，向家長及大眾推廣。我相信只要家長們認真學習本書的知識及仔細應用在自己的家庭，家長們都能建立一個更幸福、跟子女關係更親密的家庭。

　　本書以十個「孩子的愛」及十個「孩子的不」為主軸，嘗試為家長拆解一些每天都在煩惱的育兒問題。當然每個家庭實際的問題不同，程度也不同，甚至對一些家長而言，某些問題他們甚至不覺是問題。例如，有些家長認為孩子愛吹噓根本不是問題，甚至對孩子愛吹噓的行為引以為傲，加以讚揚。本書的最大提醒，正正是要讓家長了解孩子的這些行為是要規範的，要讓孩子有所改變。陳博士非常用心及有系

統地為家長反覆研究每一個問題，並處處設定有建設性的回應，讓家長可以在個別問題出現時即時運用。本書確實是家長們最好的育兒管教工具書。

陳博士作為資深教育工作者，每日面對大量的學生，多年來桃李滿門，而當中的學生來自不同背景、擁有不同的能力與志趣。故此，由陳博士所撰寫的育兒書跟一般坊間的育兒專家、家長教育專家不一樣，是更能跟孩子在學校所受的教育接軌、更體現出良好「學與教」的設定，讓讀者容易掌握箇中的精髓。從家校合作的角度來說，本書亦提醒了其他在職的校長及老師：鑽研家長的育兒之道，然後令家長明白，是幫助學生成長的最有效方法，因為學生需要家庭提供良好的學習環境，才能更有效地學習。

我誠意向各位家長推薦本書，並祝願陳博士此書一紙風行，並在將來創作更多的育兒參考書給家長作指路明燈。最後，祝願各位讀者能善用此書，家庭生活幸福、美滿。

方奕展
家庭與學校合作事宜委員會主席

我們有能力做最棒的父母

常有說：當父母難，當現今的父母更難。困難之處在於挑戰多，而且層出不窮。所以，「身心疲累」似乎是父母的常態。事實上，沒有一本通書能讓人看到老，亦沒有所有父母都適用的天下無敵秘笈。別人的成功故事，未必能在自家「照辦煮碗」。原因是每個成功故事牽涉太多獨特的環境、人物、時機和情節發展因素，難以有樣學樣。

不過有一點是非常重要的，就是無論當父母有多困難，也要悉力以赴，好好地愛我們的孩子：懂得愛、怎麼愛最是關鍵。我們要學的是原則和心法，即使我們改變不了環境、人物、基因條件，但絕對可以改變心態與對策的選擇。透過了解孩子的特質和變化，積極裝備自己與孩子一起成長。

這書從孩子的「愛」與「不」作起點，分享如何從各種情景事例中，了解孩子的成長狀況，拆解那些現象背後反映的內在癥結，從而啟發我們思索怎樣愛才算是懂得愛。只要我們懂得掌握如何去愛我們的孩子，方法用得其所，自能輕鬆拆解問題，做到育兒不疲累。

　　對策是有選擇的，不要一味直接以單一反應來應對孩子的多變現象。我們只要細心了解每件事的來龍去脈，找出孩子所要表達的訊息提示，便可逐步建立屬於自家的一套成功的親子秘笈。

　　各位父母，不要害怕困難和挑戰，由今天起，選擇更好的應變方式，常常鼓勵自己，給自己目標和信心 ── 我們有能力做孩子最棒的父母，加油啊！

陳美娟

目錄

第一章　孩子愛……

愛撒謊　　愛拆穿　　愛吹噓

愛撒嬌　　愛購物

愛打機　　愛發夢

愛挑食　　愛追問　　愛搗蛋

孩子 愛撒謊

　　相信做父母的最不喜歡孩子撒謊，很多父母都希望孩子是誠實的，就算犯錯也不要緊，只要孩子能老老實實向自己坦誠交代，父母已能欣然接受。雖然父母都不想孩子撒謊，但以下的狀況卻甚普遍。

情景 1 口舌之快，習慣成自然

孩子有些謊言是圖口舌之快，就像習慣成自然那樣。

「吃飯了嗎？」	「吃了。」
「功課做好了嗎？」	「做好了。」
「有專心溫習嗎？」	「有。」
「書包都收拾好了嗎？」	「收拾好了。」
「好吃嗎？」	「好吃。」

這種快問快答，孩子隨便回你一句，搪塞了事，方便他掩飾一些躲懶、佔小便宜又不想讓你知道的事。這些小謊話雖然無傷大雅，但始終壞習慣會積少成多，不能掉以輕心。

情景 2 逃避責備，刻意編造

另一類謊言是孩子經過「計算」，認為承擔不了後果，為了逃避責備，而刻意編造一個與事實不符的回應。例如孩子沒有做功課而導致欠交功課，於是謊稱老師沒有派功課簿給他，又或者同學錯誤拿了他的功課簿，導致他沒法做功課。之後，他可能意識到後果嚴重而繼續編造「謊言劇本」，以一個接一個的大話不斷避險。這種謊言讓家長更加費神，要是某次他的謊言「成功打救」了他，他便會覺得撒謊是管

用的，繼而慢慢把它發展成強項。不過，即使孩子「屢試屢勝」，也未必代表他活得逍遙快活，反而有機會因長期背負着良心責備，生怕有天被識破，而天天活得提心吊膽。

父母逼出來的「中聽話」

父母逼孩子撒謊。

「你喜歡我還是爸爸多一些？」

「說，你會更聽誰的話？媽媽還是爸爸？」

撫心自問，你有問過這類問題嗎？這都是在逼孩子說違心之言。孩子當下直率的回答你未必接納，硬要他說你中聽的，那也是一種謊言吧。

多年前有兩位家長來找我，他倆正準備離婚，分別都告訴我：「孩子說，我倆離婚之後，他要跟我一起生活。」後來我找來孩子單獨對談，了解他心中意願，他馬上崩潰哭訴：「要是讓我來選擇，我怎會說要跟哪一個生活呢？我根本不想選擇！我不想他們離婚！！」

由上述第一種簡單直率的大話，
到第二種編造劇本去講大話，
到第三種無可奈何的「中聽話」，
父母應如何處理呢？
相信我們要先疏理孩子在編造謊言之前，
他到底在逃避什麼？
是怕打罵？
是怕爸媽剝奪他愛玩的遊戲？
抑或是怕爸媽傷心？

要避免孩子撒謊，父母可以這樣做：

要培養孩子成為一個正直不阿的人，得自小從每一件小事開始。

1 先自省：你的反應過激嗎？

為人父母者，得先回顧孩子犯了過錯跟你說真話時，你有什麼反應？是疾言厲色、棒打怒吼嗎？如果父母反應過度激烈，孩子接收到的信息可能是：「千萬不要講真話！」因此，假如我們認為孩子有誠實的品格是很重要的，那就要先鼓勵他勇敢面對任何後果。當然，父母要讓他承擔的後果亦不應該超過他可以負擔的，否則他不會願意說真話。

2 給予孩子無條件的愛

父母給予孩子無條件的愛仿似老生常談，卻是恆久不變的真理。無論孩子犯錯多少遍，父母一定要讓他清楚知道，我們對他的愛足以接納他的不完美。我們想孩子勇敢承認錯誤，我們先得承認孩子不會完美：他會犯錯，他有時會忘記我們的教導，他會因太貪玩而闖禍……當我們可以接納這些事實，然後適當地調校我們對孩子犯錯的反應，那麼孩子說真話的機會就會高一些。

所以，假如孩子愛撒謊，我們先要想想自己本身是否背後其中一個原因？如果是，我們就要讓孩子確切地知道我們永遠都會疼愛他。我們也當過小孩，小時候也犯過錯，當

時心裏不也一樣希望爸媽責備懲罰後，能依舊愛自己嗎？只是，疼愛不同於包庇，父母千萬不要走向另一極端——為了讓孩子說真話，而替他承擔一切後果。孩子必須學會為自己的行為承擔後果，父母要做的是與孩子同行，跟他一起面對任何後果，這是至關重要的，父母要慢慢揣摩，恩威並施。

3 放下完美形象的包袱

相信我們也有做錯事、想逃避的時候，我們有想過讓孩子知道這些糗事嗎？如果我們選擇不逃避，選擇勇敢面對，請不要介意孩子對我們的看法，坦誠跟他分享我們內心的掙扎，以及為什麼最後決定不瞞天過海、不退縮，讓他了解每個抉擇的利弊。這種真人示範的果效，遠勝我們天天嘮叨孩子不要撒謊。

放下保持完美父母形象的包袱，坦然面對高低得失，我們才能活得心安理得；對孩子來說，這樣的父母才是有血有肉、接地氣的，他也樂意親近，向我們坦白。

不要輕視孩子的小謊話。一旦發現了，首先不要大動干戈，但也不要視之為正常，要好好理解一下事情的始末，找出源由，再逐一拆解。

孩子 愛拆穿

　　可曾試過被孩子當眾一語道破你的秘密？可曾試過在大庭廣眾之下，被一句童言童語弄得你尷尬萬分？

　　成人世界，會刻意掩藏真相去討好他人；會諸般謊詐以求脫身；會以各式隱身術偽飾真我。孩子愛拆穿，正因為他們入世未深，保存了我們或已失去的率真，這其實是一種難能可貴的氣質。

　　那麼，孩子為何老愛拆穿呢？遇到以下情景，父母立時也手足無措啊！

面試搶答，直接得分？

小一面試時，不少父母都説自己有空時會跟子女一起玩親子遊戲，享受天倫之樂。記得有次，一個五歲的孩子聽見父母這樣的描述，忍不住插口，衝口而出：「我爸爸最愛打電動，我媽媽最愛敷面膜！」

反問一句，真相敗露

晚飯聚餐上，一位在職母親分享：「我剛換了新工作，真捨不得以前那些舊同事呢……」怎料坐在身旁的孩子卻歪着頭，滿臉疑團地問：「你不是經常説他們又笨又懶嗎？」立時，四周沉寂，四目交投，尷尬非常。

詐病外遊，不盡不實

教育界常遇上這現象，父母來電替孩子告病假，有時更説孩子的親人得了急病或白事或紅事，要告事假。其後學生回校上學時，老師加以問候，孩子卻回答：「我沒生病呢，我跟爸媽去了日本……」然後興致勃勃地分享他在外地旅行的樂趣和見聞，徹底地拆穿了父母的精密布局。也有父母為孩子辦理退學手續，聲稱要移民到外地升學，誰知校長致電給孩子送上祝福時，孩子卻天真爛漫地告知他只是轉校到本地的另一所學校。

這些局面有多難堪，實在不難想像。

童言無忌，自小又被教導不要說謊，

那他講真話又有什麼問題？

通常在這情況下，父母可用的招數不多。

第一，是變身鴕鳥，裝傻扮啞，

打個哈哈，轉個話題作罷；

第二，是變身孔雀，馬上施展二度化粧術，

填上許多補充說明；

第三，是變身猛獸，向孩子咆哮：

「你懂什麼？不要多嘴多舌！」

至於裝病告假，更涉及誠信問題，

做父母的要慎思慎行。

要避免被孩子拆穿，父母可先反思以下幾點：

1 充耳不聞就會相安無事嗎？

當我們面對難題就秒間遁逃，以為鴕鳥一陣子就能蒙混過關，期望孩子不會看見、不會聽到，我們這樣做只不過是自欺欺人。我們輕率逃避，不肯面對現實的態度，對孩子是個壞榜樣，影響深遠。久而久之，孩子將來對自己的一言一行，亦不會樂意承擔應有的責任，我們也別期望他一定會顧家愛人。

2 父母的教養是否自相矛盾？

父母不喜歡孩子撒謊，可是一旦給孩子坦率地戳穿了自己的面具，就禁不住以謊話掩飾。假如我們經常口是心非，怎會不被孩子識破？我們以為自己在「拆彈」，卻是在埋下更多的地雷，有一天孩子急才般的連篇謊話，說不定就是這樣煉成的。所以，父母要多思考到底自己想教養出一個怎樣的孩子。

3 父母是否經常以權威鎮懾孩子？

要是我們動輒以強權壓倒孩子，讓他馬上噤聲，這絕非值得孩子學習的解難方法。孩子年紀尚小時，這方法似乎奏效，但當他漸長大，我們還能逼他「封嘴」嗎？單靠地位懸

殊所建立的人際關係難以持久，仰賴權威而建立的親子關係也是外強中乾，更何況我們是為了自我掩飾而去鎮懾他？一個有思考能力的孩子，心裏自會疑惑為何說真話也遭禁止？父母要仔細思考，我們對孩子的言論自由到底劃下了什麼界線？在壓抑下成長的孩子，會長成什麼模樣？壓力越大，反抗越大啊！

4 感謝孩子對你的「教導」

換個角度來看，「被孩子拆穿」這檔糗事正是一記當頭棒喝，讓我們明白孩子其實什麼都看在眼內！這正是我們學習的契機，把自己日常的言行好好審視一番，成為一個更好的父母。所以，切記別因當場的尷尬難堪而惱怒孩子、責備孩子，反該感謝孩子成為我們的一面鏡子，透過這些碰壁經驗，讓我們看得見教養路上的雜草，好好修理一番，自會成為孩子的楷模。

如果想避免孩子在人前拆穿我們不可告人的真相，做父母的就要先言行一致。切忌為預防被拆穿，反倒教孩子為我們多番掩飾啊！這樣既為難了孩子，也給孩子奠下了錯誤的價值觀，影響可深遠呢！

孩子 **愛吹噓**

　　很多孩子都有好勝心，喜歡自己比別人強，不單在遊戲中要取得勝利，甚至連口舌之爭也要佔盡優勢。以下情景，或者你也曾遇過。

好叻咩？我夠有啦！

一羣孩子聊天時，其中一個興奮地說：
「我爸爸給我買了一部新 iPhone。」
旁邊另一個孩子立即搭嘴說：
「我在幼稚園時已經開始用了。」
緊接着有人插話：
「我三歲時已經有啦。」

這些情景很普遍，真相並不重要，主要是凸顯出孩子喜歡如數家珍，忍不住要讓你知道他最先擁有，而他擁有的又都是最棒的，甚至連乳齒脫落的先後名次也要鬥一番。

口舌之爭，變本加厲

有孩子在玩網上遊戲格鬥時，說自己在某名校唸書、在哪些學界比賽中稱王稱霸，更具名具姓的炫耀，招人妒忌，最後卻被揭發，原來他為了顯得比別人強勁，竟然挪用了某學校學生的身分而已。

你知道我爸媽是誰嗎？

有一個孩子在學校犯了校規，老師把他帶到訓導處，訓導主任查明屬實，正準備處罰他時，孩子竟然理直氣壯地說：「你知道我爸媽是誰嗎？」因為他父母的背景特殊，他以為這麼說就可以脫身了。這類孩子為了逃避責任，不惜亮出父母的權威來使用，又覺得父母可以當他的擋箭牌，能夠打救他。

以上種種孩子愛逞強的表現，
給了父母什麼的啟示？

遇上愛吹噓的孩子，父母可以這樣做：

1 孩子是否安全感不足？

　　孩子好勝心強，發生口舌之爭時，信口開河，一次半次無傷大雅，可以不用太緊張；但如果習慣成自然，什麼都要吹噓一番，那就要當心了。這很可能是孩子內在的自信心不足，要用吹噓來掩飾，使他自我感覺良好。如果我們發現孩子是因為缺乏自信，或安全感不足，才表現得愛吹噓，那我們就要多鼓勵他，讓他知道他是獨一無二的，他不用吹噓，父母也會一直愛他。有麝自然香，靠裝模作樣來大顯威風的，並不可取。

2 為了贏而不擇手段？

　　如果孩子為了贏過其他人而不擇手段，甚至挪用他人身分藉以贏一時之快，吹噓一些事情，父母必須嚴肅處理。雖然很多孩子都有好勝行為，但一旦走歪，父母就必須即時教導，平時也要多跟孩子談談誠信的重要性。父母可以找一些有關誠信的圖書，藉閱讀傳達相關信息。

3 父母自己是否也愛炫耀？

　　相對來說，父母要更小心處理第三個情景。為什麼孩子會覺得自己犯錯時，父母有能力打救他呢？父母或需審視一

下自己在孩子面前有否炫耀的行為，讓孩子覺得這樣吹噓是有價值的。此外，要培養孩子學會承擔責任，就算父母可以做什麼，怎也不應該去抵銷孩子要負的責任。這個教育很重要，父母若能及早讓孩子認識到人人都要為自己的行為負責任，他才可以成為一個有責任感、有擔待的人。

　　父母面對愛吹噓的孩子，如果是無傷大雅的事，可以笑笑便算；當吹噓發展成孩子的性格，我們就要及早教好孩子，讓孩子擁有更好的品格。

　　　　吹噓並不能擴大孩子的能力或者影響力，我們要讓孩子知道，他並不需要講一些與事實不符的事來致勝。在生活中，越有能力的人往往越謙虛。此外，要懂得知足，不要拿別人來比較，不用吹噓，反而會自在快樂啊！

孩子 **愛撒嬌**

很多人都説女孩子最會撒嬌，但有時男孩子撒起嬌來也不遑多讓！以下情景你有沒有碰過。

為心頭好，一哭二鬧

有些孩子感到吃不消、想得到心頭好時，都會鬧彆扭。例如走得累了不願動、太睏了不想起牀上學、想玩樂不想做功課、在商場看見心儀已久的小跑車或小布偶，孩子便會用各種方法去撒嬌，甚至大哭大鬧，場面極之尷尬。

四大護法，左右大局

每當有「四大長老」護航的處境，平日孩子可以自己輕易做得到的事情，都會突然變得困難。記得女兒小時候在家一定會自己乖乖進食，吃掉面前的飯菜，可是在祖父母面前，就撒嬌説吃不下，祖父母忙不迭地説：「對對對，吃不下就別吃了。」也有不少為人父母的朋友分享，孩子每天回家都能一口氣把功課做完，但每當有「外部勢力」撐腰時，就會喊累喊難，其實只不過是向祖父母撒嬌而已。

軟攻奏效，棄械投降

曾經有學生不願意上學，躲在洗手間裏喊肚痛，這招數竟然奏效，慢慢就變成長期的心理障礙，之後父母怎也不能把他帶回校去。

孩子撒嬌有時也挺逗人喜歡的，
父母面對着孩子，
尤其是家裏最小的總是嬌嗲一些，
自然疼愛有加，什麼也順着他，
給他讓步和妥協。
如果家中的大人們（父母和四大長老），
對孩子的表現和要求沒有共識的話，
聰明的孩子就可能會鑽空子，
知道自己撒嬌就可以得逞，
達到目的。
重點要注意的是，
孩子撒嬌到什麼地步，
我們需要處理呢？

孩子大鬧情緒不罷休，父母應該怎辦？

1 活動前先跟孩子約法三章

　　如果孩子動不動就撒嬌，甚至用鬧情緒來爭取自己想達到的目標，父母可以在進行活動：如逛街、購物前，跟孩子先約法三章，讓他做好心理準備。說好今天只會去看看玩具，打打卡，並不會買東西；又或只會玩兩小時等。先告訴孩子，我們期望他有什麼表現，並表達我們相信他能夠辦得到，從而讓他學習如何守信，有原則地處事。

2 父母也須控制情緒，遵守已訂立的規矩

　　如果孩子真的鍥而不捨地吵鬧，撒嬌程度已超越父母的底線，這時候父母先不要自亂陣腳，不要被自己的情緒或面子問題掩蓋了處理事情的理智。父母不用厲聲疾呼與孩子爭論，只需把自己的決定簡單直接地告訴孩子，用堅定的語氣重申之前的協議和立場。不用怕孩子糾纏，我們只要控制好自己的情緒，用平靜的語氣與體諒的心情跟孩子好好地談，不要輕易動搖已訂立的規矩，慢慢孩子就會明白到耍脾氣不是好辦法。

3　與四大長老溝通，訂立管教底線

如果問題出於「外部勢力」，家裏的大人們沒有溝通好，令孩子有機可乘，那就要明確地與「四大長老」好好溝通，什麼是可以接受的程度。先處好大人的事，再疏理孩子試探底線的行為，便可以更得心應手。當然有時要處理好這股「外部勢力」殊不容易，但為着孩子的健康成長，我們也得尋求不同的方法，把這事妥善地理順。

4　把握時機，了解孩子真正的需要

生活中遇上不如意事很常見，這也是教導孩子情緒管理的好時機，當然是越早學會越好。有時孩子撒嬌是他需要我們關注（attention seeking）的提示，那就要看看家裏有什麼變化，是否多了一個小弟弟或妹妹，使父母太忙沒時間陪伴他？這些都會是孩子撒嬌的成因之一。我們需要先給予多些關注，讓他感到愛的分量足夠有餘。

有時候孩子撒嬌是為了爭取大人的關注，及沒有能力管理自己的情緒，父母不能掉以輕心，否則會由撒嬌演變成情緒病，要處理的難度就大大提高了。要是孩子經常撒嬌得逞，這樣發展下去對孩子的成長並沒有益處。我們與孩子的相處互動，就是教養的關鍵，不要因為面子而進退失據啊！

孩子 愛購物

　　愛購物並非大人或女士們的專利，原來有些孩子也是購物狂。多年來，我做領隊帶學生在本地或海外交流時，發現容許孩子去紀念品商店購物竟然是一種獎勵，孩子們都表現得很雀躍，以下是三個常見的情況。

人有我有，不吃虧

孩子們一起去購物，有孩子說：「很美啊，我要買。」另一個孩子也和應，人買我買，唯恐自己錯過了什麼。其實這個孩子並不清楚自己想要什麼，純粹看見別人買，覺得自己也要買，抱着「不想吃虧」的心態去購物。

戰利品大比併

有些學生很小心挑選心頭好，甚至列明每一份禮物的物主對象，特意為每個家人挑選手信。也有學生即場打電話問准媽媽的意見，毫不理會時差問題，夜半傳上照片，家人三更半夜要起來回答孩子的提問。當然，另一種情況是父母給孩子購物清單，要孩子代購。

購物過程固然開心，在旅遊車上分享戰利品也成為孩子們的樂趣，比併誰撿到便宜貨、誰找到獨一無二的東西、誰幸運地購入貨架上最後一件商品……從他們七嘴八舌、比併一番、愛不釋手的表現，你就知道孩子們絕不比媽媽們的「血拼」、「掃貨」行動遜色，他們還真的很享受購物的樂趣。

忘我時刻，得不償失

孩子購物時太過忘我、興奮，以致店舖收銀處一下子結賬的人太多，大排長龍，在人多混亂的情況下，有些孩子竟然付費後忘記帶走貨品，亦有孩子拿走了紀念品卻遺下了錢包，總之烏龍百出，損失慘重。

孩子愛購物，父母如何應對？

1 「想要」與「需要」的教育

假如孩子平日甚少獨自購物的經驗，在這種團購氛圍中會一下子失控衝動購物，這正好提醒我們要注意理財教育。這不是單單教孩子運算技巧：計算價格總和、打折後的優惠是多少、貨幣轉換值、加減乘除的運用等，更重要是教曉孩子理財之道：那商品是否必需品？是心頭好？是滿足人有我有的慾望？是孩子努力後的獎勵？

理財教育應自小開始，讓孩子學懂理性地分配有限的零用錢，分辨什麼才值得購買，以及控制一時衝動的購物慾。

2 延遲滿足感的培養

有不少研究發現，如果孩子有延遲滿足感這個能力，日後獲得成功的機會會大些。延遲滿足的意思是指，當孩子想要一樣東西時，不要立即給他，而是教孩子怎樣通過忍耐和等待，最後獲取喜愛的。就如有計劃地儲錢，將願望逐步實現。這種有程序的等待，是對孩子情緒智商的一種很好的訓練。也可藉此讓孩子明白到所有東西都是不可以立刻變出來，從而令孩子學懂惜物。通過一個經歷或方法才得到的東西，孩子會更加珍惜它，藉此訓練孩子做事要有目標，知道自己為了什麼而努力。

3 愛的語言：送禮物

「愛的語言」是指，人在表達愛跟接收愛時所用的不同方式，送禮物便是其中一種。我們發現，有些孩子買東西只會買自己喜歡的，如果父母想教孩子同理心，可以透過送禮物去説明。孩子要明白送禮物給別人時，並不是買自己喜歡的東西，又或是買了之後捨不得送出去。送禮物就是把愛意與人分享，可以透過觀察，嘗試了解對方想要什麼。例如買紀念品給嫲嫲、婆婆、爺爺、公公或好朋友時，要知道人家喜歡什麼、喜好是什麼、需要什麼，花點心思，以同理心去購物，會更加懂得與人分享，藉着這種愛的語言建立更好的人際關係。

4 學習管理慾望，免墮網購陷阱

在科網日益發達的時代，我們更要留意網上購物的行為。孩子參與的網上遊戲有時是免費的，但往往在玩得最激烈時，會彈出必備武器的要求才能過關，而這些裝備或會連接上付費購買的鏈結。父母須格外留意，跟孩子分析網上購物的陷阱，如何管理慾望。

現今的孩子相對富足，有時他們真不知道錢從何來。教養孩子懂珍惜、欣賞別人的付出、有分寸、有節制，就是給他們一份買不到的祝福。

孩子愛打機

　　孩子愛打機，對 PS5 或各式各樣線上遊戲競賽都非常着迷，相信令不少父母大感煩惱。在電子化 e 世代，父母不能一面倒地禁止孩子打機，也不該讓他們零接觸。以下情景，相信大家都不感陌生吧。

打機成癮，家無寧日

　　打機成癮會造成身心靈許多後果，眾所周知，卻又好像制止不了。常聽聞孩子為了打機而不願睡覺，為了打機與家人關係決裂。遇到這些情況，父母都束手無策：「我有嘗試跟他設下時限，可他會苦苦央求加時、延長時限，但這種訴求總是無休止。要是斷然關機，他會大發脾氣，拒絕與我溝通。」「每天都因為打機問題而傷透腦筋，既傷感情，又無能為力！」

朋輩影響 ，難敵潮流

　　「我兒子本來沒有打機的習慣，可是跟教會小組家聚或親戚朋友聚會時，大人們忙於聊天，孩子們就聚在一起研究打機，回來後他就不斷央求我給他玩。」而且，一山還有一山高，即使父母在電腦設限，孩子總有辦法翻牆。

疫後常態，假公濟私

　　疫情期間，學生們在家上網課時，會把電腦屏幕的介面分成幾個，同時進行不同功能，讓他們可以一邊上課，一邊

打機。這種在學校上課時不可能發生的情況，在家裏卻輕易辦得到。孩子説在房間裏做網上功課，實際上是在偷偷打機，日常照顧孩子的傭人和長輩最容易受騙，他們根本分不清楚孩子在學習還是遊戲。孩子用網課作掩飾，一步步墮進打機的深淵裏。

情景 4 偷刷信用卡，課金打遊戲

有父母赫然發現銀行月結單有數千元來歷不明的消費，追查下去才發現，原來孩子用她的手機去打遊戲，由於那部手機已綁定一張信用卡，孩子打機時為了過關、買裝備而需要課金，結果在未問准媽媽的情況下，就偷偷花去數千元。

孩子愛打機，
是因為他們能從中獲得莫大的成功感，
更可藉此擺脫生活上和學習上的壓力。
既然不能全面禁制，
我們則要好好思量，
讓他們玩哪些遊戲？
我們可以如何克勝電玩吸引的魔力？
可有替代品一步一步協助孩子戒癮？

孩子愛打機，父母可以怎麼辦？

1 有規有矩，確實執行

　　一般情況下，孩子的第一部電子產品都是父母買的。在孩子擁有之前，當然最好事先說明規矩及違反的後果。規矩可以是：大人回家後才可以用、什麼時候可以使用、在哪裏用、限時多久、哪些平台、哪些電玩才批准玩……

　　訂立規矩是重要的，但更重要的是確實執行。一旦遇上違規，就必須尊重規則，父母別因為主觀的感覺而出現執行上的不一致。例如突然心軟放他一馬，又或是心情欠佳，突然收緊管轄，令孩子無所適從。違規的罰則，必須是可行和合理的，可以與孩子一起商討，訂定大家都可以接受的方案。

2 轉移視線，預防成癮

　　除了上網打機，現代的孩子也熱愛瀏覽各式各樣吸晴的視頻，或沉浸於社交平台，這也是一種網上成癮的行為。預防勝於治療，在他們成癮之先，及早為孩子找替代品，與孩子一起參與一些健康活動的習慣，例如桌遊、閱讀、參觀等，更積極的做法，當然是多帶孩子到山野郊遊，一家人放下手機，增加面對面的互動交流，又可一起建立做運動的習慣，以及讓孩子參與其他興趣專項的訓練。生活平衡有道，打機成癮的機會便會大大減少。

3 檢視身教，成敗關鍵

孩子都是有樣學樣的，如果父母都是機不離手，連吃飯、逛街都是目不轉睛地看着手機，又怎能怪孩子迷上他難以抗拒的電玩呢？所以，我們在車廂中、在食肆裏常見一家人在一起，卻溝通欠奉、各自陶醉於手上電子產品的情景，大家應該警戒自己別犯上同樣的錯，由自己出發做好榜樣。

4 積極解決，化危為機

眾所周知，電子世界有許多隱藏的陷阱，孩子在平台上會遇上不合宜的廣告宣傳，甚至騙局（這豈止是孩子會遇上）。我們必須提升自己的認知能力，與時並進，安裝合適的過濾軟件，並教導孩子如何防範，以免誤墮網騙。

既然電子世代的出現是鐵一般的事實，無法逆轉，那就做好陪伴孩子在這時代成長的角色，一起去認識、一起去應變。不要等待或遲疑，要坐言起行啊！記緊一開始就不要把電子產品當成「奶嘴」或獎勵，用作平靜孩子的工具呢！

孩子 **愛發夢**

　　你家的孩子曾否遭老師投訴上課不專心、愛發白日夢嗎？其實愛發夢有不同的意思，請先看看以下情景。

天馬行空，海闊天空

如果請孩子以「假如我是……」為題作文，總會發現有些孩子的想像力十分豐富，可以天馬行空，筆下展現多姿多彩的世界，有些更叫人大開眼界，讚歎童心之美；有些孩子卻無從下筆，遇上要多點想像力的題目，腦袋就好像堵車般，感覺困難。其實這並不代表他們沒有想法，只是平日規範太多，一時間説不出來、寫不出來。

發白日夢，心不在焉

課堂上，偶爾也會發現有孩子雙眼望向窗外的天空，心不在焉，沉醉在他的白日夢中，滿腦子都是翌日的運動會呀，又或者思緒早已提前出發，飛到日本的迪士尼樂園，我們要拉他返回現實嗎？有一次，一位三年級學生走來與我分享，他最喜愛上體育課，喜愛的程度已到了不可控制的地步，上其他課時也想着到球場上上體育課的情景。我心想：他的腿也應該恨不得追夢去了。

想出鬼主意，樂透半天

　　學校實施一個獎勵計劃，只要全班集體努力，獲得各位教師合共某個數目的肯定，那一班就可以提出一個夢想，校長會盡力為他們圓夢。起初我們猜學生或會要求延長或增加一個小息、加設一天便服日之類。誰料他們竟然提出要求整個學年不設功課；又想我當領隊，帶他們到外地免費外遊；又有一班學生希望班中每位同學輪流當一天校長；亦有希望能給班主任加薪升職（班主任當然立即申報他完全不知情）。孩子們的夢想也挺可愛，勇於衝破常規定律，敢想敢說。

回想起來，
我小時候也喜歡發白日夢，
你呢？

面對愛發夢的孩子，我有以下想法：

1 孩子要有放空的空間

　　現實告訴我們，生活節奏越來越急促，什麼事都要看成效、講效率，可是我們又想培養出有創意、有夢想的新一代，那就應該給予孩子空間去發夢。如果孩子愛發夢，可以請他和我們分享他嚮往的是什麼，從而了解孩子的喜惡。請好好享受這種奇妙的親子時間。千萬不要以為這是浪費時間，這樣做反而可以令孩子勇於想像未來，創造力亦會油然而生。

2 和孩子一起發夢、築夢

　　現在人們普遍認為孩子越大越沒有夢想，生活上亦沒有空間讓他們這樣做，所以如果你的孩子喜歡發夢，已經是一個好開始，要是父母想從旁協助，可以怎樣做？

　　其實我們可以按他的夢想，和他一起發掘達到夢想的可能性。例如孩子很喜歡體育，那你可以問問孩子喜歡做什麼運動？再找來相關書籍給孩子看，讓他尋求更多有關體育的知識。

　　又或者孩子熱衷於發明東西，我們可以鼓勵孩子嘗試用自己的角度去觀察，之後再想想怎樣改裝物件，從而發明新事物。我們可以多跟孩子討論，鼓勵他多尋求新知識點，這是栽培孩子築夢的好方法。甚至如果父母也有夢想，我也很鼓勵你與孩子分享自己的夢想，大家一起把夢想變成真，這過程絕對是難能可貴、畢生受用的。

3 父母潑冷水，徒增疏離感

當我們越緊張生活上的細節，越想事情有效率地完成時，有時會忍不住對孩子說：「唔好發夢喇！」又或者孩子提議做一些事情時，有些人會回答：「發夢無咁早！」

我建議家長不要將孩子的發夢熱情「一盆冷水照頭淋」，因為這樣做會令孩子日後減少與我們溝通，什麼也不願意跟我們說。有時候並非孩子沒有夢想，只是他不敢告訴我們而已，怕說出來會遭人笑話又或是得不到支持。父母一定要支持孩子，不要讓孩子覺得凡事都沒有可能，這個世界如果什麼都不可能，便不會有新發明，不會有更進步的方法出現。所以，切記要把這盆冷水保溫，並且不要再添加冰塊了。

4 協助孩子在夢想與現實之間取得平衡

相反，如果孩子愛發夢的程度已到了不想回到現實的情況，這可能是因為他在夢中獲得現實中所沒有的滿足感，又或者是孩子逃避現實的方式，父母要留意現實中孩子到底在逃避什麼？孩子需要什麼安慰和支持？令孩子可以從夢中走出來，在現實與夢中找到一個平衡。我們可以多和孩子溝通，給他及時的幫助。所以我很喜歡和孩子談夢，因為當我知道他的想法後，才有方法從旁指導和協助他。

抽點時間，容許自己和孩子發白日夢，放空就好像讓繃緊的橡皮圈有放鬆的機會。許多看似不可能的事情，都是由發夢開始，所以父母不要輕率地消滅孩子的夢想。另外，可鼓勵孩子多閱讀，閱讀可讓人進入更廣闊的思想空間，不分地域時間，為繁忙生活提供滋潤的養分，令生活更富趣味，並提供創造無限可能的能量。

孩子 愛挑食

父母自小教導我們「粒粒皆辛苦」、「懷抱感恩之情吃掉眼前的食物」，但今天遇上孩子挑食，身邊的大人卻説：「沒關係，你不愛吃，我就不做這個菜。」在現今物質較豐富的環境下，我們孕育了一代愛挑食的孩子。

情景 1　沒口福的 Green Monday

近年全球因為關注環境，減碳排放之故，衍生了不同行動響應環保，其中有不少學校積極推行 Green Monday，即綠色／素食星期一。曾經有學生因為星期一的飯餐只提供蔬菜素食而不願上學，甚至跟父母說，星期一是他最討厭上學的一天。

孩子不愛吃蔬菜的原因有很多：

1. 要嚼很久才能下咽，太累了；
2. 就是不喜歡那草青味，捏着鼻子也可嗅到，所以連青豆、葱、苦瓜等也會拒之門外；
3. 菜有渣，吞不下；
4. 顏色不好看，不想吃。

情景 2　不吃有刺、有腥味的魚

孩子怕吃魚，連大人也怕孩子吃魚。因為怕魚有骨，不懂吃的話，會刺傷孩子。所以孩子在外交流時，活動的團餐通常都沒有魚供應，沒骨的魚柳則是例外。當然，除了魚骨外，孩子會嫌魚有腥味而不愛吃魚，除非把牠炸得香脆，否則他們都不會吃。

挑食物，挑地點，挑菜式

有些孩子不單挑食物，還挑地點、菜式，真的很講究。曾經在一家粥麵店遇上一家大小剛進店，一名大約 8、9 歲的孩子坐下後不說話，爸媽問他想吃什麼，建議不同的配搭，他只不斷搖頭苦着臉不發一言。結果父母沒有法子，原本媽媽想吃粥，最後惟有拉隊去吃薯條快餐，孩子瞬間綻放笑臉，緊摟着媽媽說：「我不喜歡這店的東西。」

應付愛挑食的孩子，以下幾招挺奏效：

1 習慣自小養成

通常挑食習慣都是自小養成，有樣學樣，如果身邊都是挑食的人，孩子很容易養成挑食的習慣。至於孩子不能接受某些味道的問題，其實也是從小培養便能克服的。在一些習慣未形成之前，不讓它發生便不會變成問題。我家女兒還小時，同樣不愛吃菜，但我們訂立了家規，就是先吃兩口青菜，才可吃其他菜餚，家中各人都隨之而行，結果不足一個月，女兒變得很會吃菜呢！

2 花點心思，為菜式施魔法

如果孩子已經有挑食的習慣，例如不愛吃某種蔬菜或某種肉類，父母可以花點心思去烹調食物，把那種食物變成色香味俱全的一道菜，還可以加上不同搭配與變化，讓它的賣相可愛些，自然能吸引孩子起筷。此外，進食的環境氣氛也對孩子有影響。一家人開開心心地進食，可以運用一些遊戲玩樂方法，例如大家鬥快吃、誰先吃完菜，就可以有什麼獎勵等，其實有不少點子可以用，將進食變成一種樂趣，一家人一起分享，慢慢地孩子便能接受不同類型的味道，讓他的味蕾有機會品嘗不同的東西，也是一件幸福的事。

3 讓孩子明白自己有多幸福

現今孩子都出生於相對較富裕的環境，不知道世上還有很多人沒有足夠的食物果腹，生活艱難。你有否試過讓孩子看看缺乏食物的家庭如何過日子？這些家庭的孩子如何成長？多年前，我曾經在學校早會上播放一套關於一家人為了剩食而禱告，感恩仍有食物可以吃的影片。這短片令學生們感到很震撼，他們發現原來自己很幸福。當時我推行「零廚餘」取得大成功，因為學生們明白到自己身在福中。所以父母除了愛護孩子之外，也要讓孩子知道世上不幸的人多的是，明白到「一粥一飯，當思來處不易」，學會珍惜食物。

4 選擇權不是孩子獨有

我們要讓孩子明白到選擇權不是他獨有的，因為一個家庭裏每個人都有他的選擇，每個人都有自由說他喜歡或不喜歡吃什麼，又或者這頓飯去哪裏吃，選擇到哪裏吃的話事權不會全部都給予孩子。孩子與家人相處時，要學習尊重父母、尊重其他人的選擇，大家可以達成一個共識，這頓飯是我的選擇，下一頓飯是另一位家人的選擇，家庭成員輪流作出選擇，讓孩子學懂世界並非只圍着他團團轉，他身邊還有很多人需要尊重，也擁有選擇的權利，這是學習成為公民社會一員的好時機呢！

　　只要孩子並非因對某種食物有過敏症的話，父母應為孩子提供均衡飲食，這點很重要。雖然坊間有不少營養補充劑，但都不能取代天然新鮮食物所能供給我們的營養。挑食除了造成孩子營養不良之外，也會窒礙孩子的人際關係，因為過度偏吃的話，別人很難時刻作出遷就。所以，為了孩子可以健康些，與朋友相處時和諧些，父母便要發揮影響力，阻止孩子形成挑食的習慣。

孩子 **愛 追 問**

你的孩子可會鍥而不捨、打破砂鍋問到底嗎？例如你告訴他天氣不好，取消去公園玩的計劃，他就會死纏着你不停追問：「為什麼？」「為什麼説好了的計劃要改變？」……連珠炮發式追問，令你喘不過氣來。

面對孩子問個不停，父母宜先分辨問題的本質再逐步回應。

情景 1　好奇心大爆發

孩子愛發問本是好事，學問正是通過一連串的發問累積而來，由好奇心引發學習動機、對知識的渴求，這也是《十萬個為什麼？》不斷再版的原因，但我們卻很怕被孩子追問。女兒小時候曾經問我：「為什麼你要選這個男人當我的爸爸？」那一刻真有點難倒我，該從何説起呢？當然這問題的解讀可以是純粹求知，也可能是一種懷疑選擇對與錯的反問。

情景 2　連串發問，表達不滿

有孩子向父母哭訴：「為什麼你要把這部車子賣掉？我好喜歡它呢！」「為什麼你要幫我轉校？」……有些問題並不是我們不懂回答，而是不想回答；有些則是孩子不滿意我們的回答，與我們爭持下去。

情景 3　難倒父母，喜上眉梢

無論在學校或在家中，我都經歷過孩子無數的「大考問」，有時孩子剛踏進校門，便會跑過來拋下一個謎語，當我一時轉不過腦筋時，他就會哈哈大笑。你答對了麼，他又會再翻閱更多的謎語書，選一個更刁鑽的來出題。當孩子成功難倒父母或師長時，滿足感和成功感便會活現臉蛋上。

不同形式的問題要小心分辨，
真心回答，
否則有天孩子什麼都不再提問，
那就是一盞小紅燈了。

孩子愛追問，正好考驗親子教養功夫：

1 學問的建構由問題開始

　　孩子想多了解這個世界的各種事物，為了滿足好奇心，他會向最信任的人發問。這樣看來，孩子不斷向我們追問，那就證明我們在他心目中的地位，所以不要輕易消滅他的好奇心，不要嫌他煩，請耐心聆聽他的問題，再逐一拆解。要是遇到連我們都不懂的，那正好是親子一同發掘新知識的優質相處時間了。

2 平靜處理控訴式的追問

　　說實在，我們何嘗不是常把「為什麼你那麼不聽話」、「為什麼你還不做功課」掛在嘴邊？孩子只不過提出他與我們立場不同的反問。所以，不要動怒，先好好聆聽他的訴求，也許是我們忽略了孩子的觀點呢！凡事有商有量，平靜地跟孩子解釋我們的立場，他便能從中學會如何與不同人建立相處之道，並啟發雙贏拆局的智慧。

3 有備而戰，禮尚往來

　　如果孩子每事問是因為他對某些學問特別感興趣，不論是 IQ 題、天文地理或時事，於是想考考我們。那父母最

好先做準備工夫，投其所好，學習一下，讓孩子知道自己的父母很有智慧，他便會更敬愛我們。

有時候我們又要趁機裝作無知，聽孩子給我們揭曉答案，還要用渴慕的眼光請他多作解說。孩子為了要當我們的小老師，便會更用心鑽研。於是有問有答，有贏有輸，這樣才是親子相處的樂趣。

不要因為忙碌、厭煩而阻止孩子愛追問，因為孩子向我們發問的日子一眨眼就會過去，很快他只會問朋友、問運算平台、問 AI……

孩子 **愛搗蛋**

　　愛搗蛋並非男孩子的專利，女孩子有時也會搗蛋，但不知道是否因為男孩子精力旺盛些，很多時男孩子的搗蛋和喧鬧程度會誇張些。他們在大庭廣眾下到處奔跑，不停叫喊；又或在遊戲中一旦過度興奮便會高聲尖叫，蹦蹦跳跳。有時很容易越界出事，甚至誤傷同學，即使是無心之失，也要接受懲處。

想做就做，不理後果

　　有些孩子很隨心，想做就去就，不理後果，比較衝動，念頭一動即付諸實行。試過有孩子在海外交流時，好奇心滿滿，管不住雙手東摸西摸之下，打破了酒店的擺設，要賠錢道歉。明明看見「請勿觸摸」、「不准攀爬」的標示，就是控制不了自己的手腳，對警告視而不見。

自由奔放，旁若無人

　　有些孩子自由奔放，旁若無人，活在自己的世界裏。把港鐵車廂的扶手當吊環或「馬騮架」，盡情玩；在商場內追逐，不理會其他人，只顧陶醉在自己的世界裏。

純粹貪玩，意外闖禍

　　有時候孩子搗蛋只是純粹貪玩，並非想破壞，例如逛商店時隨手把別人的小擺設倒轉、扔垃圾時故意把膠瓶放進廢紙收集箱、拉開別人的椅子、伸腳攔倒別人，甚至在餐廳裏把各種醬汁、飲料亂混在一起等等，他們覺得好玩，以為很有趣，結果卻闖禍，令人覺得他很頑皮，甚至是沒有家教。

一味喝斥制止愛搗蛋的孩子，
未必可以令他們汲取到教訓，
過分寬鬆又會讓他們錯過學習機會，
如何一步一步引導孩子，
從胡亂搗蛋轉化為有系統的知識探索呢？

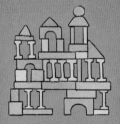

面對愛搗蛋的孩子，父母可以怎樣處理？

1 慣性思維模式訓練

面對衝動的孩子，要教他三思而後行，做每件事之前要先停一停、想一想，想清楚才行動。這種訓練越早開始越好。父母可以透過一些遊戲和故事，與孩子一起想想，現在大家想做什麼，如果很想摸某種東西又或搬弄物件，但人家已明確表示不能觸摸，如果觸摸了會怎樣？先要孩子想想後果，然後教孩子不要因為之後不能承受後果，而做一些令自己後悔的事情。這種想多兩步，停一停、想一想的做法，是一種很好的思維訓練。在家裏可跟孩子多做這些模擬情景練習，説説如何控制衝動。

2 能量轉化，賦予責任

在以前，班主任常常會選最乖巧的孩子做班長，但近代的班主任則會聰明地改變策略，有時會讓不同的學生去做班長，那些學生未必是最乖，甚至可能是有些搗蛋、「搞搞震」的學生。但當老師賦予他責任，給予他權威去管理，這個孩子就會慢慢知道，啊，原來自己也不想班裏其他人不受控。負上這個責任後，孩子慢慢會出現轉化。這做法非常有效，所以，父母不要只管責罵孩子頑皮搗蛋，反而可以賦予他一些責任、一些任務，慢慢釋放孩子的正能量。

3 讚賞的威力

　　很多時比較搗蛋、難教的孩子，其實他的行為背後都是想得到父母或師長的注意。為什麼呢？因為他知道讚賞通常都沒他份兒，所以用其他方法令自己感覺被關注，又或者藉此贏得同伴的嬉笑，吸引別人的目光。父母的殺手鐧就是要懂得適時讚賞孩子，只要孩子能完成小任務，也要誇大來稱讚他，令他轉移目光，發現原來要獲得父母的關注不一定要用搗蛋行為，用其他行為得到的讚賞可能更加好。所以不要吝嗇讚美，但切記不是簡單說：「你好乖、好叻！」而是要用實質、清楚和明確的語言去讚賞孩子，告訴他：「你這種 XX 行為我很欣賞！」慢慢地，孩子就會知道父母的尺度是怎樣的，日後想再做更多可以獲得父母讚賞的行為，也有先例可以援引。

每個孩子骨子裏都是貪玩好奇的，這叫童真，想當年曾幾何時我們也一樣搗蛋、頑皮，只不過有些孩子要他定下來，的確需要多一點能量轉換來幫忙。重要的是要處理好孩子的搗蛋行為，就要多點耐心關注和適時的讚賞，以免孩子走歪了，變本加厲，日後更可能成為欺凌弱小的小惡霸。

　　到底是搗蛋、頑皮還是活潑、好動？孩子在某個階段的確會對身邊的世界充滿好奇，用盡各種方法探索，我們必須在他們「探索」之後有清楚解說，讓他們理解每件事情的後果和代價，而且要讓他們自己承擔搗蛋所帶來的後果，那是非常重要的教育。

第二章　孩子不……

不守信

不動腦

不專心

不願等

不給力

不分享

不收拾

不願睡

不瞅睬

不正音

孩子 不守信

　　你曾否遇過孩子不守信？大家說得明明白白，清清楚楚，轉眼他卻混忘自己的承諾，把你氣個半死。又或者證據確鑿證明他不守信，孩子仍可以「搬龍門」去反駁。以下情景你又曾否碰上過？

已約法三章，卻反覆犯錯

　　父母本來跟孩子約法三章，説好了做完功課才打機，且跟你打勾勾設下時限，可當你清洗碗碟後，卻發覺他攤開的作業還是空空如也。孩子淌着淚道歉，並信誓旦旦説：「對不起，我以後不會再這樣做。」可是第二天又重蹈覆轍，一而再、再而三的繼續重演：「對不起，我以後不會……」結果，孩子不斷反覆犯錯。

並非不守信，只是善忘

　　我女兒唸高中時，有時會在放學後相約同學外出，我説：「你放學後要遲歸，或跟同學有約都沒問題，但一定要先給我打電話，説説因由，交代一下。」雖然我已説得清清楚楚，但每每她都忘記了要守信用跟我電聯，亦不知道我在擔心。但我知道她不是故意違諾，只是因為善忘。

理直氣壯，不停辯駁

　　有些孩子很聰明，他不守信卻倒過來反駁你。明明他答應你會收拾書包，結果卻沒有做，還説：「是的，我沒有做，因為我很累啊！」其實他根本不在乎守不守信用。他明知自己不守信，還要理直氣壯説：「是嗎？我有嗎？」

孩子屢不守信，父母可以怎樣拆解？

1 父母要做個守信用的人

　　要孩子信守承諾，父母宜先自省，看看自己有沒有以身作則。當我家孩子不守信用時，我便會問她：「媽媽可曾不守信用？」當她數數手指，絞盡腦汁也找不到例子時，就會發覺守信用是我家很重視的價值觀，亦再沒有任何藉口不守信用了。

2 讓孩子明白父母生氣的原因

　　有時孩子不守信，可能只是因為記性差，並非故意這樣做。我們要令孩子明白：要求他能守信，並非要展示我們的權威。當孩子善忘時，先別一味指責並妄下結論：「看！你果然是個不守信用的人！」反而要誠懇地告訴孩子，我們想他守信，只是因為愛他、擔心他的安危。我慶幸自己曾講得清楚，女兒終於明白了，結果她因為愛我、不想我憂心的緣故，而建立起守信的習慣。當她通知我時，我也馬上大大的肯定她：「我好開心你記得通知我，這樣我就放心了，你好好 enjoy 吧。」正面的回饋，也進一步加強了她建立這習慣的決心。我們也可教孩子一些小技巧來改善善忘的情況，如：在手機設下提示訊息、在行事曆貼上小標籤等等。

3 訂定清晰協議，以防孩子「搬龍門」

　　遇到那些會「搬龍門」又會辯駁的孩子，首先要恭喜父母，因為孩子其實異常地聰明，但父母要扑醒十二分精神，一旦允諾他做某事時，你先要設計創意無限的承諾書，把協議寫得清楚，手執確鑿的證據，讓孩子不能「走精面」亂搬龍門。其次，父母也要說到做到，不能自打嘴巴，否則聰明的孩子就會反殺你一着，彼此繼續互搬龍門。

　　凡事要對準孩子未能守信的因由，他是在模仿父母還是他只是善忘、不上心？抑或是他太聰明懂得乘虛而入，且雄辯滔滔？懂得由源頭入手，才能改善孩子的壞習慣。我們想孩子信守諾言，因為誠信與承擔是人際相處的重要品格，那麼我們更要堅持，耐心教育孩子，相信他終有一日能做得到。

孩子 不動腦

　為什麼有些孩子愛動腦筋、愛發問，有些孩子卻默不作聲？以下的情景很常見。

情景 1

不勞而獲，答案自動出現

我在教育界多年，觀課無數。老師一般都會提問：「有同學知道答案嗎？」當全班沒有一個同學舉手回答時，不到三秒，老師已自動揭曉答案，因為老師不想浪費課堂時間白等一頓。如果孩子知道只消多待幾秒，答案就會自動出現的話，他又怎會費神思考？這類情景在家中也似曾相識吧？

情景 2

網上求助，資訊唾手可得

現代科技發達，讓人動腦筋的機會大減，親友與同事的電話號碼，按一兩個鍵就能找到，不用牢記。遇上問題就請教各大平台，只需輸入少許文字，甚至用語音輸入，答案已躍現眼前。加上人工智能 AI 的出現，可以替我們構思大綱，甚至寫出整篇文章。現今科技太便捷了，孩子們根本毋須多動腦筋。

情景 3

父母幫忙，何用動腦

當孩子面對生活上的問題和挑戰時，有些大人不忍心孩子要獨自解決困難，很多時父母會第一時間提供不同方案，甚至替他完成。曾試過有父母眼見孩子晚上已經很疲累，但仍未完成作文，於是動手幫孩子完成。結果老師布置的功課只鍛煉了父母的腦袋，孩子的腦卻啟發不了！

孩子不愛動腦筋，父母可有法寶？

1 不要剝削孩子動腦筋的機會

別讓孩子覺得答案可以唾手可得，因為孩子正值記憶力旺盛的階段，需要更多思維訓練去理解事物，所以不要剝削他們動腦的機會，導致他們錯失鍛煉腦筋的黃金歲月。

2 有智慧地善用科技

如果孩子想好好運用不同搜尋器，例如 Google 大神又或者 AI，孩子更加需要動腦筋，在找到眾多資料後，懂得如何分辨資料的真偽、如何將資料進行比較。要善用 AI，便要懂得問問題、懂得給予適當的提示，這種技巧也需要孩子懂得動腦筋。所以，父母不用害怕孩子接觸 AI 智能科技，而是要教孩子如何聰明及正確地使用。

3 不要急於提供答案

面對孩子，我們切記不能太心急，要有適當的時間作停頓，給他思考時間，慢慢在渾沌中找出答案，發現學習的竅門。要是我們急着出手去幫孩子解決問題，孩子當然會覺得我們是他的救星，與此同時，我們也成為孩子運用腦袋的剋星，好事變壞事。所以，我們既要忍手又要忍口，讓孩子自己去碰碰壁、動動腦，其實也是一件好事。

4 放下手機，在書本找答案

父母要好好訓練孩子的記憶力，數算生活中珍貴的片段。定時放下手機，跟孩子坑一些非電子科技的遊戲，帶他們往圖書館，在書本中尋找問題答案，「原來獨角仙長這樣子，牠的家族還挺龐大的呢！」到郊外走走，「看，石隙間竟能長出花朵，大自然的生命力好奇妙啊！」

如果想幫助孩子的腦部發展，關鍵是令孩子的腦部能接收不同的刺激，大腦神經突觸才能好好生長。孩子多動腦，多發現問題，再去尋找解決問題的方案，可以培養他們的聯想力和解難能力。而那些光等待別人或電腦提供答案的孩子，將來恐怕會大幅度落後於人。

孩子 **不專心**

孩子難以專心，似乎是困擾許多父母的通病。孩子就是太容易分心了，坐不定，動不停！

情景 1　孩子的屁股是尖的

「坐好些！」

「做功課專心些？」

「你的屁股是尖的嗎？」

這些父母口中的口頭禪，大家都耳熟能詳吧！

情景 2　成績進步可期

在家長日，老師經常會對家長語重心長地說：「如果你孩子能夠專心一些，他的成績會更好。」而成績單上曝光率最高的評語也是：「若能更專心上課，進步可期。」

情景 3　三分鐘的熱度

孩子總是三分鐘熱度，書還未看完便跑去玩了；師長在說話，他就不停地和身旁的同學說笑閒聊；專注力維持不到五分鐘，他便無心戀戰，甚至擺出一張不耐煩的嘴臉。

老實説，
我們小時候也是充滿好奇心，動不停。
要全神貫注坐好，
似乎不是孩子的特長吧！
所以才有「濕水欖核」、「周身郁」、
「馬騮仔」等常見形容詞，
來描述停不下來的孩子。

要孩子專注下來，父母應從何入手？

1 專注力是可以鍛煉出來的

眾所周知，孩子的專注力有限，三歲孩子的專注力約為六至八分鐘，之後隨着年齡的增長才會逐步提升。雖然孩子最初的專注力不長，不過重點是他們會有進步，所以我們先不要過分擔憂。孩子專心是一種行為習慣，與其他習慣一樣，是需要時間累積，從小培養的。

2 吃喝玩樂的啟示

有研究指出人工色素與食品添加物會誘發孩子過動、過敏的行為，跟窒礙專注力的發展的關聯甚大，這種説法不無根據。不論是為孩子的健康或專注力提升着想，父母也應避免給孩子食用過多的零食。

俗語有云：「勤有功，戲無益。」但現今似乎已不完全正確了。教育界近年盛行推廣遊戲化學習，證實能有效地激發學生的學習動機，繼而進入全程投入、專注學習的狀態。所以我們要懂得選擇並善用遊戲、玩樂工具，促進孩子學習的專注力，寓學習於遊戲。當學習變得有趣，孩子便會不期然地專心起來。

3 減少分心因素，因減得加

我們不能一味叫孩子專心，而忽略了我們給予的環境設置。當孩子身邊有太多誘惑，如電視、電子產品、其他孩子在玩樂、家人高談闊論⋯⋯等令他容易分心的東西或活動，要他專心，就絕對是困難的。所以我們要切斷讓他分心的源頭，這才有機會延長他的專注力。

4 讓閱讀成為專注力的好幫手

一本好書，能鎖定孩子，令他們愛不釋手。這種因愛閱讀而投入閱讀的專注，不會突然出現，但如果我們把閱讀變成習慣，一家人都喜歡閱讀，慢慢地，不用囉囉嗦嗦、費力勞心，孩子會因找對了自己喜歡的讀物而自動自覺、專注地走進閱讀的世界。「坐定定」就是這樣煉成的。之後，我們還可以透過這種專注力，誘發孩子的觀察力、洞察力和分析力，一舉多得呢！

不要為孩子欠缺專注力、做事不專心的狀況，感到無計可施。我們反而要耐心地逐步設置良好的環境，讓他們慢慢地提升這種將可成就大事的能力。所以我們不要只責備孩子如何不專心，而是告訴他們專心的理由，為他們減少分心的誘因。

孩子 **不願等**

　　有研究指出，假如孩子有耐性等候，能延遲自己的滿足感，他們將來取得成功的機會也會大增，而且更有可能取得非凡的成就。但在日常的觀察中，許多孩子卻經常不願意等待，這到底有何因由？

情景 1

追趕度日，一家急躁

有些家庭，由早到晚，父母都在催趕：

「快！快！快！校車到了！」

「趕快吃飯！我們去公園不等你啦！」

「都幾點了，還不趕快洗澡？」

「溫習了沒有？書包收拾了沒有？要快，知道嗎？」

孩子在家裏不斷聽到這些催促，要學會「等待」便來得奢侈了。

情景 2

成功須苦幹，代價太大

音樂、體育……不同專項的訓練都須要長時間的反覆練習，而要鶴立雞羣，刻苦耐勞是代價。尤其是初期的基本功，更容易讓孩子覺得沉悶、不耐煩、灰心，繼而半途而廢。要等到有好成績出現，感覺就像遙遙無期，倒不如早點打退堂鼓，把時間用來玩耍，或者找一些另類速成班。

情景 3

十倍速時代，半秒也太遲

我們也許遇過類似的情景：當你致電銀行或電訊公司作出查詢時，總沒有真人接聽，更要聆聽一個又一個的錄音指

示，期間還會強逼你聽那些千篇一律的背景音樂。幸運的話，你最終還是會找到能跟你互動對話的職員；倒霉的話，熱線系統只會領你返回起點。你願意等嗎？在網速越來越快的時代，看見自己想看的文件、影片檔案處於「下載中」的狀態時，心裏會有什麼反應？焦躁？不耐煩？甚或是破口大罵？

資訊時代予人無限方便，當 AI 出現之後，你這邊廂只消說一句，那邊廂已為你撰寫好一篇文章，這種爆炸性的速度，把人的生活節奏越推越急，使人練就出難以忍耐的「武功」。我們的孩子就是在這樣的時代孕育。這幾年的疫情更衍生了網課，在這些網課中，孩子最愛的就是老師加入諸如 Kahoot 網上互動遊戲的環節，因為它帶來的正正是那種夾雜音效、節奏暢快的樂趣。

可是到頭來，慢工才能出細活，取得上佳成果。即如做麵包或蛋糕，要是發酵、靜置不足，時間未夠，就無法成功；做千層糕也必須待每一層冷卻後，才能添加另一層食材，否則前功盡廢。

有如溫水煮蛙，
在不經意的高速常態中成長的這一代，
願意等一等、多一點忍耐、多一點堅持的，
成了罕有寶石般珍貴。

父母如何教出樂意等待的孩子？

1 掌握「不用急，但要快」的策略

假如父母本身是「急驚風一族」，由早到晚都在追趕時間的話，自然會體力透支，心情欠佳，那麼，親子關係就在無盡的催趕中一點一滴地削弱。我們可能會忍不住把「不用急，但要快」經常掛在嘴邊，但我們可知道這句話也可以配合策略的嗎？例如：找出有哪些技巧可以提升收拾書包的速度？有什麼辦法讓孩子早上不賴牀，迅速起來？父母不妨設計一些比賽或遊戲的元素，誘發孩子的動力，這樣也可替代你內心的焦急，讓自己急而不亂。所以，教導孩子方法，遠比乾着急好。

2 定睛於沉浸式的成長過程

有些事情是要沉浸的，須要經過時間的歷練才能取得成效。父母別單單以成果來跟孩子計較，要是我們期望每件事都一蹴而就，那麼孩子就不願意練習堅忍。我們得先培養自己的恆心，有耐性等候孩子慢慢地進步，並相信孩子有一天終會閃耀出他的光芒。每一天發掘他做得好了一丁點的地方，享受孩子成長的過程，不要急於最後的成果，那麼，相比於以急就章、用速成班去催谷最後的成果，你所獲得的將會更豐富、更有意義。如何拿捏時機，適當地等候，是訓練自己和孩子情緒智商 (EQ) 的良機。

3 刻意放緩步伐，享受慢活的樂趣

在十倍速時代，父母更要懂得調節自己的步伐，刻意慢活，不被時代節奏牽着鼻子走。例如放慢腳步，細看身邊的一花一草，享受生活，做時間的主人，騰出空間，「奢侈」地做些「浪費」時間的事兒，培養優質的親子生活，提升彼此的品味，我們的孩子才不會因忙亂而出錯，也不會因為忙亂而影響親子感情。

在現今世代要學習等待，絕對是莫大的挑戰，但只要我們明白「快」不一定是好，「快」會講錯話，「快」會做錯決定。美酒需要時間慢慢醞釀，所以，假如我們能停一停，等一等，敵擋時代巨輪，在其中感受到一絲平靜，拿捏到屬於自己的生活節奏，我們就會成為家中的時間高手，讓孩子的焦慮減少，學懂延遲滿足，毅力和韌力相對提高，日後取得成功的機會也就更高了！

孩子 不給力

　　近年興起一個新族羣——躺平族，他們不願起牀，做什麼都提不起勁，整天懶洋洋。要是你的孩子屬於這類別，或正趨向這狀況，請別氣餒，反而要細心去了解背後的可能性。

情景 1　沒有目標，無以給力

曾經有朋友向我訴苦，孩子回來說老師分享了一個創業家的成功故事——那人讀書不多，只能從事搬運工作，後來卻成為一家享負盛名的物流公司東主。孩子有感而發：「其實，何必那麼辛苦讀書，應付那些測驗考試呢？去搬搬東西，就可以做大生意了。」朋友當然極力勸止孩子這樣的想法，可是終告無效，抓着頭問我該如何是好。經了解後，原來升上中學後，他孩子的英文程度遠遠追不上進度，認定了自己終究不是讀書的料子。除了對數學感興趣外，他對其他科目均提不起勁。當聽到老師分享的成功例子後，他馬上對號入座，讓自己心安理得地「躺平」下來。

情景 2　家庭問題，衍生無力感

另 一事件發生在 一個天天早上不願上學的孩子身上，後來才發現他的父母關係不和，父親甚少回家，以致母親患上情緒病，整天賴在牀上。而孩子也摟着母親，躺着不起牀。日子久了，孩子還發現不上學有一個好處，就是不用交功課，也不用被追欠交的功課，於是大大加強了他不願上學的動機。告了病假，不用回校，時間多得很，更讓他在網上當起 YouTuber 來。

紋風不動，怎請也不動

　　平日請孩子給你小幫小忙是奢望嗎？你可曾試過請孩子替你拿一杯白開水或代取遙控器來開啟冷氣機，可是他聽後只看了你一眼，然後紋風不動？有些家庭仍設有家居電話，但電話鈴聲響起多遍，卻無人願意起來接聽。這些不給力的狀況，在有些家庭是見怪不怪的景象呢！

💡 孩子不給力，父母可以怎麼辦？

1 讓孩子知道人生可以有目標

　　孩子不給力，可能只是未找到奮發的目標，他們壓根兒不知道為何要認真、要努力，於是便失去給力的動力。今天不少年輕人自覺社會上缺乏機會，覺得即使取得大學學位，也難以找到理想工作，隨之失卻奮發向上的目標；甚至有說自己早已輸在起跑線上了，反正注定是輸家，又何用費力去爭取什麼。

　　面對這類不給力的孩子，父母要很清晰、堅定地告訴他：人生是需要有目標的。但目標要按部就班、務實地逐一設定，不要急於求成地追求高大空的遠象。例如要學游泳，就不該馬上迫使自己一下子完成 100 米，不妨由橫池開始，然後逐步提升，這樣才會看見隧道出口的曙光。一小步一小步地為孩子加油給力，並且切忌盲目跟鄰家作比較，讓孩子知道自己的努力是會得到認同的。最理想的目標，不是父母自己期望的目標，而是和孩子一起設定，對孩子來說是有意義、是他自己所擁抱的目標。

2 有了目標，還要有方法

　　還記得小時候總要寫什麼新年願望嗎？其實年終時總沒多少人能願望成真，因為起點和終點之間的過程困難重重，會讓人沮喪，失卻初心。所以父母要在設定目標後，教導孩子向目標進發的方法，每遇上問題便一起討論，陪伴他解

難。也要加入中期補給站，每取得某階段的小成功，就予以讚賞和鼓勵，甚至小慶祝。遇到困難是正常的，能尋找正確方法去解難，才是最珍貴的成長歷練。

③ 父母自己會退縮嗎？

　　無論孩子的「愛」與「不」等問題，都離不開父母的榜樣效應。我們自己遇上障礙，又可會盡力解難，還是表示無能為力而中途放棄？我聽過無數家長嗟嘆：「唉，我真拿他沒法了，早知道不如『生塊叉燒』還好……」若父母自己做事都一團糟，覺得自己是失敗者，又如何能叫孩子有源源不絕的動力？當我們遇到難處時便退縮，那孩子又何來勇氣去擁抱挑戰？

④ 分派小差事，賦予大意義

　　相反，有些父母自己的動力滿滿，就是忍不住看見孩子未能完成目標，為省麻煩，索性替他完成；又或者傭人經常佇候代勞，在這環境下成長的孩子根本沒有做家務的機會，當然連基本的自理能力也無用武之地。父母要想方設法使他動起來，就一定要自小開始，每次趁孩子主動樂意給力時，便要向親朋好友大力表揚：「我的孩子知道我累，主動給我倒了一杯開水，他真的很體貼呢。」當接電話、倒開水、把汗衣放進污衣籃……在你口中變成難能可貴的行為時，孩子就不會覺得那些只是小差事，反而認為自己是無可取替的。所以我們大可把家務分派給家庭每一位成員，輪流負責，培

養孩子對家的責任感，一起為愛這家而付出努力。

　　關鍵是我們要快樂地盡責，千萬不要埋怨推搪，否則不給力的源頭就是從我們而來啊！而在孩子嬰幼期，正值他們最需要確立安全感的時期，我們別把照顧都託付傭人，假手於人，成為親子關係建立的第一道屏障。

　　　如果我們希望孩子生活有動力，就必須協助他們建立目標和願景，然後教導他們一些達成目標的方法和策略，而且我們必須表裏合一，身體力行，口到、心到，力也要到，成為孩子的楷模。

孩子 不分享

縱然學校經常通過課程或活動強調分享的美德，但在這年頭裏，要孩子樂意分享，卻殊不容易，究其原因，可能有以下幾種。

情景 1 衞生問題，不宜分享

經過幾年的新冠肺炎肆虐，人人自危，孩子的衞生意識提高了。茶點時間，食物固然不能分享，貼身用品更不應、亦不會共用。

情景 2 少子家庭，獨享天下

我經常會問學生：「你想要有弟弟妹妹嗎？」以前的孩子大多都說想要，只是父母面有難色而已。但今天很多孩子卻斬釘截鐵地告訴我：「千萬不要！」「有弟妹陪你一起玩不是更開心嗎？」「才不，我一個人玩就好，我怕他們會搶我的玩具，他們很麻煩的。」我忍不住再追問：「你還沒有弟妹，又怎麼知道他們會跟你搶玩具呢？」他想也不想就說：「總之我就不想。」隨着家庭少子化，孩子習慣了獨享父母、祖輩、各大親朋的關顧和寵愛，突然要他與人分一杯羹，哪怕是親弟妹，他們都覺得不爽。

情景 3 自己需要，永遠先行

記得我女兒還小的時候，有天出外逛街，由於天氣太熱，我買了一杯冷飲給她解渴，沒想到她二話不說，一股腦兒就把整杯喝清光，完全沒問「媽媽，你要喝一口嗎？」這樣的期望落差，父母遇過嗎？

孩子不願分享，父母如何是好？

1 欣賞孩子保持衞生意識

假如孩子因衞生關係而不願意共享物品，那其實是聰明的做法。雖然疫情已告一段落，但是仍有不同的傳染性疾病出現，所以孩子在提高警覺下，不共用、不分享，既保護自己，也保護了他人。這樣的不分享，絕對是無可厚非的。

2 分享才會雙贏

因為要獨攬天下而不願分享則是另一回事。如果孩子動輒覺得別人跟自己玩，就代表別人會搶去自己的玩具，那問題可大了。可知現今世界的知識增長，也是透過分享、交流，才能共同取得進步。只願孤芳自賞、獨享其成的孩子，就很難可以透過交流分享、腦激盪，獲得以倍數計的新概念、新點子。而且，樂意分享的孩子，自然也學習到相處之道，好朋友也會更多。在少子化的年代，朋友相對來說就更見重要了。

3 持守單純的分享心態

在孩子間的分享互動中，父母千萬別摻雜功利的動機和元素，因為不作計算的分享是最寶貴的。要是孩子光從利益角度來考慮，才願意分享，又或者只挑選個別對自己有利的對象才分享，到頭來這類孩子都不會是「贏家」。大多數人

們的眼睛是雪亮的，孩子騙倒了自己，卻騙不過所有人。相反來說，睦鄰的開始，貴乎坦誠、真摯的分享。我們有和鄰舍互助分享的習慣嗎？我們若能沒有任何的前設、不求任何利益的回報，真心關顧鄰舍及他人的需要，孩子只會在我們身上習得這種美德，他日必有良朋在身邊。

孩子樂意分享與否，有時跟性格有關，又或者他曾經在分享的過程中遇過不愉快的經歷。這時，我們要告訴孩子：問題並不在他身上，而好的行為和品格，也不該受別人的影響而動搖。

孩子 不收拾

回到家中，讓父母頗感沮喪的事，莫過於無論提點了多少遍，孩子總是不收拾玩具、衣服、文具、功課、書包……等等，好像收拾從來都不是他生活的一部分。父母下班回家，目睹家中雜物四處，一片凌亂，該如何是好？

情景 1

家務瑣事，與我何干

許多孩子玩耍後不收拾玩具、起牀後不整理牀鋪、回家更換衣物後隨地拋下……孩子把東西搞得亂七八糟，當他找不到需要的東西時又大呼小叫，這些情景熟悉嗎？父母又可曾為此動氣？

情景 2

上學夠累，功課太多

我們不停叫孩子收拾，他卻遲遲沒有行動，振振有辭地反駁：「我放學回來已經很疲倦，你要我做功課，又要我收拾，根本沒時間呢！」結果你按捺不住，就動手替他收拾「肇事現場」。有些孩子更會說：「不打緊，我知道自己的東西放在哪兒，你千萬別亂動。」「混亂中，我有我的秩序。」

情景 3

玩得盡興，不願離場

孩子除了不喜歡收拾自己的物品，有時也不願收拾自己的心情呢！在樂園、公園裏，常常看到孩子玩得樂而忘返，無法收拾心情，怎也不願意離開，有時甚至還會大哭大鬧，即或父母終能成功「挾持」他回家，他也無法平靜下來，更遑論要他做功課和洗澡。

孩子不收拾，父母拿他有辦法嗎？

1 明確告訴孩子哪些是他的責任

　　父母要清楚告訴孩子有哪些責任由他自己承擔，也要解釋原因何在。各人負上自己的責任，社會才有秩序，小公民的意識其實由家庭做起。家庭責任清楚分工，孩子要負責的不是什麼大事，他只需要收拾自己的玩具、文具、課本、書桌、牀鋪等。另一個常見的情況是，孩子央求飼養寵物，帶了回家卻不承擔照顧寵物的責任，所以我們必須事前先給他清楚協議，釐清責任。

2 父母要按捺得住，不要輕易插手

　　當孩子搬出一大堆堂而皇之的理由，解釋自己為何不能收拾時，我們千萬不要一邊罵他，一邊「心軟」地幫他完成責任，期待他下次親自動手做。當我們一次又一次都按捺不住，不打破這惡性循環，這個「下次」可能只有空等待。

3 收拾能力與計算能力成正比

　　有研究指出，會收拾的孩子處理數學的能力亦會較高，能把東西放得整齊，有條有理的，數感較好，亦比較有邏輯；自小培養孩子分類整理，既能加強他的記憶力，理性思維亦相得益彰。所以別輕視家居收拾的培育，更不要包容孩子亂七八糟的書包、書桌、衣履……

4 懂得收放情緒，容易安頓心神

　　收拾心情説易行難。當孩子興奮忘形，澎湃指數高達天花板，偶一為之，讓他留下難忘的寶貴回憶，無可厚非。但假若孩子每次的情緒都無法回落，我們就要好好教導他發展自己的自控能力，培養孩子能收能放的「武功」。打個比喻，在公路開車，有些路段時速可達 100 公里或以上，但其他路段只有 50 公里或 80 公里的限速，那就必須有能力按時收放，這種收放自如的能力，長遠效益遠超我們的想像。

　　面對孩子不收拾的局面，我們要先收拾心情，避免只顧宣洩情緒而大動肝火。即使身處在一片凌亂的房間，我們仍要控制情緒，並有程序、有節奏、有邏輯地指點孩子處理，那我們便成功地展示了駕馭這難題的本領。

孩子 不願睡

　　近年不少孩子都有睡眠不足的問題，與此同時亦有更多醫學發現，睡眠的時數及質素，跟孩子許多生理機能息息相關。你的孩子是否經常久久不能入睡呢？

情景 1 間歇性事件

也許我們小時候曾試過這種滋味：要是翌日是期待已久的學校旅行，就生怕會漏帶了什麼玩具或食物，因此輾轉反側不能入睡。我記得自己唸小學的時候，每逢季度更換校服，就會難以成眠，一方面唯恐自己大意穿錯了校服，另一方面想到即將穿上睽違半載的轉季校服，又會有點興奮。有些孩子則會因為翌日有比賽或表演，或雀躍期待，或憂心忡忡，而不能入睡。

情景 2 習慣性失眠

有些孩子面對不了學業壓力，每當默書、測驗、考試時，就會失眠，怕醒來什麼都忘記淨盡；有時他們即使睡着了，嘴裏還在喃喃自語，背誦即將測考的內容。這類因壓力演變成的習慣性失眠問題，絕對不可忽視。

情景 3 被窩下的秘密

有些喜愛閱讀或打機的孩子，會晚上躲進被窩偷偷看書、打機。有些孩子則偷偷流連社交平台，樂而忘「返」。

情景 4 缺乏安全感

　　有些孩子害怕關燈後漆黑一片，一定要有爸媽陪睡。要是父母晚上夜歸，他都會癡癡地等待，直到爸媽回來陪他上牀，才可安心去睡。

孩子不願睡，父母可以這樣做：

① 早作準備，增加安全感

孩子因為心中有期盼的事，偶發性睡不着，這種情況問題不大，只是生活中有教人興奮的事情發生而已。我們可以教導孩子列出旅行物品清單，逐一核對，並調校鬧鐘，那就可以安心去睡。轉季換校服嗎？提早拿出來，熨好校服並試穿一下，然後掛在當眼處，那就萬無一失。最後，我們更可向孩子確保，翌日會叫他起牀，增加他的安全感，摟着他説個故事，分散注意力，便能讓他好好進入夢鄉。

② 只要盡了力，結果如何都不重要

有些孩子因為怕失敗、怕輸，造成了心理壓力以致經常睡不着，慢慢便會形成焦慮的情緒。其實這些孩子是對自己有所要求，才會出現這種不安和焦慮，我們首先要做的，是不再加重他的壓力，即或他考測未如理想，也不要大發雷霆。

另外，我所接觸過有焦慮的孩子，十有八九都有焦慮型的父母。所以，我們身為父母，先要留意及放鬆自己的情緒，亦要嘗試用各種方法幫助孩子紓緩情緒，例如給他喝一杯熱牛奶、播放一些和緩輕快的音樂，跟他好好聊天，了解他心中到底在憂慮什麼。

要是孩子擔心溫習後忘記，可能是他的溫習策略出了問題，只懂死記硬背，那麼我們就要教導他做筆記、畫腦圖，

甚或溫習時放聲朗讀，用聲音加強記憶……只要找到適合他的溫習方法，他便不會那麼緊張。要是孩子擔心老師出題太艱深，我們就要明明白白的告訴孩子，有許多事情都不是我們可以控制得來的，只要已運用適合的讀書策略，有盡力溫習過，那麼無論試題是否出人意表，成績是否不似預期，都可以心安理得，管不到的事情就別要擔憂，倒不如早點休息，讓自己精神充沛地應試吧。

不過，我們要說到做到，不要看見成績單時便翻臉。相比分數，孩子與我們的關係來得更重要。有焦慮的孩子，我們就更不能做焦慮的父母。當然，要是孩子的焦慮情況還是毫無改善，則一定要盡早求醫，別讓問題累積得更嚴重。

3 護脊護眼更重要

為什麼孩子自己喜歡的事，總要偷偷地在被窩裏做呢？一定是我們訂立的規限所致。要是我們多點理解，就跟他們共同協議，可在某時間某地點去做。也要告訴他們夜深人靜時，在被窩閱讀或打機，不單影響睡眠質素，更對眼睛及頸脊造成傷害。要是家裏有兩個孩子，我會強力建議安排他們共用一間睡房，起互相監察、互相提點的作用。

4 給孩子充足的安全感

假如孩子這麼殷切需要愛，要我們伴睡，其實是一件可喜及幸福的事，不要把它視為負累。為了孩子，我們就要有節制地把自己的事先放下，讓孩子維持早睡的習慣。有足夠睡眠的孩子，身體機能在夜間才能得到良好的修復及發展，連身高也會明顯受惠。所以我們值得多給孩子安全感，讓他睡得甜、睡得好。

一家人一起早睡早起，是對身心健康的一大明智投資。所以，我們別做夜貓子，更不要讓孩子當夜貓子。最後，請製造睡前訴心事的時間，增加互信的安全感，讓大家都不用帶着情緒入睡。

孩子 **不瞅睬**

我們都希望自己的孩子待人有禮，在別人面前落落大方，顯得有修養、有家教。可是，很多時候都事與願違：問一句，才回一句；甚或完全沒有回應。到底孩子是不想回答，還是沒信心回答？以下哪個情景是大家最為熟悉的呢？

情景 1 — 天性害羞

有些孩子性格害羞，例如：在住所升降機內碰見鄰居，孩子怎也不肯跟人家說聲早，把嘴巴抿得緊緊的，甚至別過身背向他人；即或勉強喊人，但聲音有如蚊子般細小；有些則畏縮到半粒聲音也發不出來，情況尷尬萬分。

情景 2 — 性格巨星

有些孩子心情大過天，只要他心情欠佳，一不喜歡，就鼓起腮幫子，對人不瞅不睬，十問九不答，就好像別人欠了他似的。

情景 3 — 疫情後遺症

幾年疫情的人際隔離，孩子習慣了口罩遮臉，疫後仍有各類傳染性的細菌、病毒，不少孩子亦繼續戴着口罩上學。口罩掩蓋了大半張臉，只能用眼神跟別人打招呼，要是他連眼睛也不抬起，不瞅睬的程度就會越來越嚴重。

家長解畫

　　每年面試季度，家長最擔心的，就是孩子閉口不言。所以我每年都收到不少家長來信，説自家孩子天性害羞內歛，加上疫情期間幾年幼稚園階段沒實體上課，所以在面試時比較寡言，其實他有認真聆聽和參與，希望我酌情考慮云云。無論家長陳詞如何懇切，終究都補救不了孩子面試不作答所失掉的分數。

面對孩子不瞅睬，父母有什麼對策？

1 打個招呼問句安，自然不過的事

　　我們必須在孩子幼年期，開始教導他們如何跟別人打招呼。打招呼不光是開口喊別人，也包括了眼神的接觸、聲線的高低。我大女兒小時候沒這個問題，可是小女兒則不大願意跟別人打招呼，往往都羞答答地躲在我們背後。但每次在升降機內，我們都堅持跟每個人問安；搭巴士或小巴時，我們都會向司機道謝，久而久之，她便慢慢地跟着我們跟別人打招呼、問好。只要我們不覺得這些是尷尬的事情，每次都堅持去做，孩子耳濡目染下，就學懂最基本的社交之道。這些可不能在面試前，才急就章去硬塞給孩子的。

2 情緒教育

　　要是孩子是性格使然，不喜歡就不瞅睬的話，那他需要的是情緒教育。一次半次尚可理解，但經常性的公主病或王子病，就必須及早「醫治」。首先要告訴孩子，他們這種態度予人怎麼樣的感覺，或者某次他很想得到你的關注時，你刻意冷落他，再問他不被瞅睬的感覺如何？希望藉此喚起他的同理心。

3 口罩下的溝通竅門

　　疫情及流感關係，大家戴上口罩後，缺失了面部表情的交流，更加要教導孩子如何善用眼神。加上口罩阻礙了聲音

的傳遞，要教導孩子咬字要清晰，更不妨提高聲量，這些都是要我們悉心指導的。此外，別以為口罩可完全掩飾了表情，眼神和肢體語言，都擔當着訊息傳遞的重要角色。

4 設置情景，學習社交對話

孩子在面試不作聲，事後家長的「解畫」都是於事無補的，我們必須及早在孩子有安全感的地方開始培訓。要是孩子是獨子獨女，不妨相約其他朋友的子女回家，進行角色扮演，互相練習，把面試模擬成有趣的場景，設計有趣的對話，以減少他們對面試的不安。甚至可以角色轉換，讓孩子扮演負責面試的校長或老師，透過角色扮演放鬆心情，輕鬆對答。只要有充足的練習，孩子習慣了與別人溝通，不瞅睬的狀況自能減少。

「瞅」「睬」二字的部首都從「目」，可見眼神在社交中的重要。先以靈魂之窗跟人有目光的接觸，然後才開始友善的溝通。眼神的專注，是讓人感受你是否有誠意、有自信的第一步。

孩子 不正音

近年常碰上一些咬字不清、發音不準、説話含糊的孩子，他們身旁的成人似乎都不把它當作一回事，到底孩子不正音是否一個問題呢？

連名字也説不清

孩子口齒不清，「知道」變「私到」，我早已司空見慣。但在面試時接觸過一些孩子，即使反覆説了幾遍，我都聽不清楚他們的名字，當我望望桌面上的文件，發覺有些連名帶姓，沒一個字讀得正確，好像口腔肌肉出了什麼障礙似的。更令我驚訝的是，即使父母在旁，他們也好像不介意兒子不能正確地讀出自己的名子。

舌頭不協調

我小時候學英語發音，覺得 th 的發音格外困難，因為粵語和普通話都沒有把舌頭伸出來放在齒間的，但今天不少孩子講中文時，卻經常把舌頭伸出來，弄致語音堆疊含糊，有時還鬧出笑話來。

孩子不正音更可愛？

偶爾遇上孩子説話不清楚，雖然已是三、四歲，仍然牙牙學語般説起「BB 話」，然而他身邊的大人若無其事，還倒過來學他那種説話方式。這樣的溝通，好像已成為這些家庭中的一大特色。越見嚴重的不正音趨勢，實在令人錯愕，現在每所學校都有一定數量的學生要接受語言治療呢！

父母如何正視孩子不正音？

1 趁早處理正音問題

　　很多時候只要我們當父母的，及早糾正孩子的發音，花點時間提點他們逐個字讀清楚，情況會比較容易改善。發音是一種習慣，需要反覆練習，孩子年紀越小，越能掌握正音的關鍵。每次在小一面試中，當我遇見不懂得正確讀出自己名字的孩子時，我總會花點時間更正他，結果大部分孩子都能立刻有所改善，證明在短短的時間內也可以有顯著的修正效果，因此，我們不要耽誤糾正孩子正音問題的機會。

2 正音與家庭環境息息相關

　　假若家庭中的成員講不同的方言，這對孩子正確發音的發展不無影響。試想想，孩子要說好某一種語言，實在需要身邊的大人作好榜樣，讓他好好學習、模仿、更正，所以，如果大人自己的發音也出現問題，孩子不正音，便是預期中的事了。幸好現在可在互聯網上或各網上程式中，找到不同語言的正確示範，這絕對是解決問題的方法之一。

3 疫情成為學習語言的障礙

　　經過最近三年疫情的肆虐，再加上沒完沒了的呼吸道感染問題，這一代的孩子，帶着口罩學習成為了日常。由於口罩的阻隔，看不見孩子如何發音，孩子亦看不見我們給他發音時唇齒的動態示範。口罩不但阻擋了聲音的傳遞，也形成了正音問題的一大源頭。所以在盡可能的情況下，摘下口罩，好讓孩子學習準確發音，及早彌補之前的缺失。

　　不要輕看孩子不正音的問題，只要花點時間好好教導孩子正確發音，日後他要參加各類朗誦、辯論、歌唱、演講比賽等，必因口齒伶俐表現得更有自信，與人溝通亦更有把握。如果不想孩子因為不正音而成為別人的笑柄，或失卻一些他本來可以擁有的機會（除非孩子天生有口腔肌肉缺陷），那我們就需要認真地正視及好好處理這問題。

跋

做父母的，當然愛自己的孩子，但要懂得如何愛、愛得合宜又合時，才是關鍵。從書中各種孩子的「愛」與「不」現象的啟示和對策，我綜合了九大重要法則，讓父母用以處理孩子各種行為問題及現象。如能好好掌握，相信父母在教養孩子的路途上，必會更輕鬆、更成功。

1 及早解決問題是關鍵

　　不要為延誤處理問題找藉口，「病向淺中醫」，在問題演變成更深更大的難題之前，若能盡早正視並處理，往往是效能較大、代價最少的。不要讓問題積壓，錯判形勢，待有空時才處理，結果錯過時機，甚至加深誤會，導致可拆解問題的方案捉襟見肘。

2 身體力行，言行一致

綜觀孩子各種的行為問題及現象，大部分都是源於原生家庭環境的影響，以及我們的行為榜樣，未能作好身教。要當好父母的角色，疼愛但不溺愛，賞罰分明，不失控。當我們規行矩步，說到做到，言行一致，管理好自己，抱持正面積極的價值觀，我們便會成為孩子最優秀的人生導師。

3 沒有教不好的孩子

要進入孩子的心，易地而處，理解他的需要，逐步拆解難題。相信孩子是可教的，永不放棄地愛他、教養他。暫時改變不了的行為，處理不了的問題，多是因為我們用錯了態度和方法，所以我們要有自省能力和謙虛開放的態度，尋找更有效的對策，為孩子而成為不斷進步的父母。

4 尋根究底，別妄下定論

不要只憑直覺衝動行事，要細心找出問題的根源。很多時我們自以為很了解孩子，卻因此造成了錯判和誤會。錯誤印象一旦形成，關係破裂了，問題便會變得更複雜。根深蒂固的相互理解和期望誤差，往往是現今家庭問題的始源。所以必須要在源頭開始，減少因彼此誤會而造成兩代的疏離。

5 說理不要悶

語重心長，苦口婆心地說道理，未必對每個孩子都合用。若果不斷重複提點、不停的訴諸情感發洩，或充滿怨氣的投訴，這種性質的家裏日常，孩子又怎會受得了？我們不喜歡別人囉嗦，就不要做只提供煩悶話的父母。

⑥ 抓緊時機，點到即止

懂得選擇可教導的時機、合適的地點和空間，是致勝之道。在大庭廣眾下的責罵，或情緒失控時的爭持，會削弱並讓孩子錯過了實質教導內容的重點，留下的只有尷尬和創傷。「藥到病除」也需要選擇最合適的處方，在可救治的時間用藥、跟進和調理。藥分不能太多或太少，足夠便是最好。

⑦ 去執着，找平衡，求雙贏

父母處事要有原則、講道理，情理兼備，恩威並施，在理性與感性之間取得平衡。不要因為一己的執着令大家都舉步維艱、透不過氣。事事不要贏盡，懂得達致雙贏局面的才是大將之才。進退有道的教養管理方式，是孩子學習發展人際相處能力的好榜樣。

8 希望留下什麼印象給孩子

　　家庭是孩子成長的重要基地，我們每天都在為自己及孩子編織相處的回憶錄。要給孩子日後想起父母時留下最深刻的是什麼印象？只愛發牢騷、凡事溫柔顧家、自大專制、怕事退縮、誠懇有禮，還是功利掛帥的父母呢？現在就應該作好英明的選擇。

9 沒有完美的自己，　也沒有完美的子女

　　我們可以努力追求進步，做最好的自己，但是要常常提醒自己，人難完美，總有缺欠，所以既然自己也不是完美無瑕的父母，就不需要迫使孩子成為完美的。不用與別人的比較，也不用羨慕他人的成就，不要只看見孩子不完美的部分，因為他還有很多好的方面，等待我們珍惜、欣賞和感恩。　♥

新雅教育系列

育兒不疲累：洞悉孩子的十個「愛」與「不」

作　　者：陳美娟
繪　　圖：郭中文
責任編輯：黃花窗
美術設計：郭中文
出　　版：新雅文化事業有限公司
　　　　　香港英皇道499號北角工業大廈18樓
　　　　　電話：(852) 2138 7998
　　　　　傳真：(852) 2597 4003
　　　　　網址：http://www.sunya.com.hk
　　　　　電郵：marketing@sunya.com.hk
發　　行：香港聯合書刊物流有限公司
　　　　　香港荃灣德士古道220-248號荃灣工業中心16樓
　　　　　電話：(852) 2150 2100
　　　　　傳真：(852) 2407 3062
　　　　　電郵：info@suplogistics.com.hk
印　　刷：中華商務彩色印刷有限公司
　　　　　香港新界大埔汀麗路36號
版　　次：二〇二四年七月初版

ISBN：978-962-08-8420-7
© 2024 Sun Ya Publications (HK) Ltd.
18/F, North Point Industrial Building, 499 King's Road, Hong Kong
Published in Hong Kong SAR, China
Printed in China